e Enders

Momente der ACHTSAMKEIT

Zitate und Ausmalmotive – ein Buch voller Inspiration

CV

DIE SEELE HAT DIE FARBE DEINER GEDANKEN.

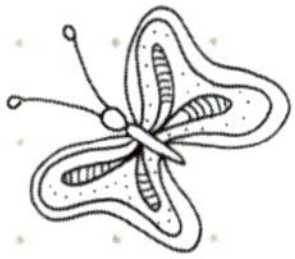

MARC AUREL

LASS DEM FLUSS DES LEBENS SEINEN LAUF.

WO FINDEST DU RUHE?

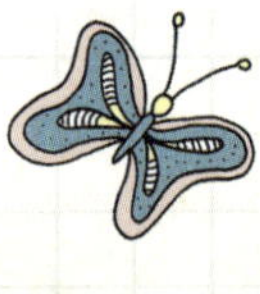

WOFÜR BIST DU HEUTE DANKBAR?

WENN WIR DAS HERZ UNSERER LIEBEN MIT ACHTSAMKEIT FÜLLEN, BLÜHEN SIE WIE BLUMEN.

WER NICHT IN DER WELT WIE IN EINEM TEMPEL UMHERGEHT, DER WIRD KEINEN IN IHR FINDEN.

RAHEL VARNHAGEN VON ENSE

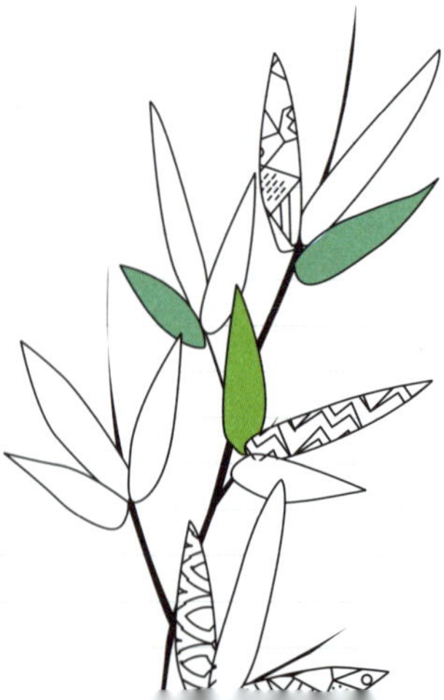

DAS LEBEN BIRGT VIELE UMWEGE IN SICH.
DIE KUNST BESTEHT DARIN, DABEI DIE LANDSCHAFT ZU BEWUNDERN.

ZEN-WEISHEIT

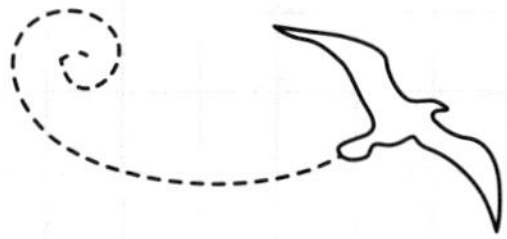

BLUMEN SIND DAS LÄCHELN DER ERDE.

RALPH WALDO EMERSON

IM FLIESSENDEN WASSER KANN MAN SEIN EIGENES BILD NICHT SEHEN, WOHL ABER IN RUHENDEM WASSER.

LAOTSE

WER DAS ZIEL KENNT, KANN ENTSCHEIDEN,
WER ENTSCHEIDET, FINDET RUHE,
WER RUHE FINDET, IST SICHER,
WER SICHER IST, KANN ÜBERLEGEN,
WER ÜBERLEGT, KANN VERBESSERN.

KONFUZIUS

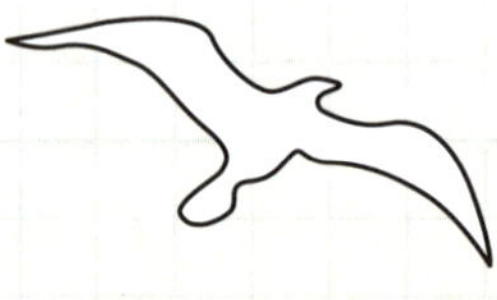

ES KOMMT NICHT DARAUF AN, DEM LEBEN MEHR JAHRE ZU GEBEN, SONDERN DEN JAHREN MEHR LEBEN ZU GEBEN.

ALEXIS CARREL

NOW

WER SEINEN EIGENEN WEG GEHT, DEM WACHSEN FLÜGEL.

AUS DEM ZEN-BUDDHISMUS

SUCHE DIE KLEINEN DINGE, DIE DEM LEBEN FREUDE GEBEN.

KONFUZIUS

WAHRE FREIHEIT ENTDECKT DER MENSCH ERST DANN, WENN ER DAS INTERESSE DARAN VERLIERT, WELCHEN EINDRUCK ER ERWECKT.

CHINESISCHE WEISHEIT

ACHTSAMKEIT IST
DER WEGWEISER INS
HIER UND JETZT.

WAS KOMMT DIR IN DEN SINN, WENN DU VERSUCHST, EINEN MOMENT LANG NICHTS ZU DENKEN?

WIR SIND, WAS WIR DENKEN.
ALLES WAS WIR SIND,
ENTSTEHT AUS UNSEREN GEDANKEN.
MIT UNSEREN GEDANKEN FORMEN
WIR DIE WELT.

BUDDHA

DU LÄCHELST – UND DIE WELT VERÄNDERT SICH.

BUDDHA

ALLES GROSSE KOMMT AUS INNERER STILLE.

CHINESISCHE WEISHEIT

KLOPFE AN DEN HIMMEL UND HORCHE AUF DEN KLANG!

ZEN-WEISHEIT

DURCH LEICHTFERTIGKEIT
VERLIERT MAN DIE WURZELN,
DURCH UNRUHE DIE ÜBERSICHT.

LAOTSE

BLICK IN DEIN INNERES.
DA IST DIE QUELLE DES GUTEN,
DIE NIEMALS AUFHÖRT ZU
SPRUDELN, WENN DU NICHT
AUFHÖRST ZU GRABEN.

MARC AUREL

AUF DEN GEIST MUSS MAN SCHAUEN. DENN WAS NÜTZT EIN SCHÖNER KÖRPER, WENN IN IHM NICHT EINE SCHÖNE SEELE WOHNT.

EURIPIDES

CHANGE

WENN DU DIE WELT ÄNDERN WILLST, FANG BEI DIR SELBST AN.

VERWEILE NICHT IN DER VERGANGENHEIT,
TRÄUME NICHT VON DER ZUKUNFT.
KONZENTRIERE DICH AUF DEN GEGENWÄRTIGEN MOMENT.

BUDDHA

NICHT AUSSERHALB, NUR IN SICH SELBST SOLL MAN DEN FRIEDEN SUCHEN. WER DIE INNERE STILLE GEFUNDEN HAT, DER GREIFT NACH NICHTS, UND ER VERWIRFT AUCH NICHTS.

BUDDHA

ENJOY the
SILENCE

WAS FÜHRT DICH ZU DEINER INNEREN MITTE?

WAS BRINGT DICH AUS DER RUHE?

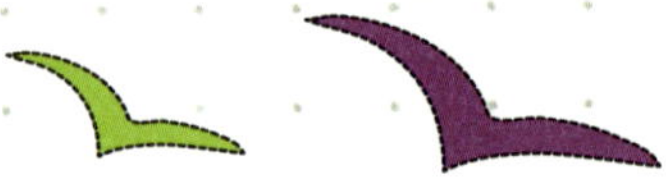

WENN DU ZURÜCK ZUR QUELLE WILLST, DANN MUSST DU GEGEN DEN STROM SCHWIMMEN.

ZEN-WEISHEIT

WELCHEN TEIL DES HEUTIGEN TAGES MÖCHTEST DU NOCHMALS ERLEBEN?

SCHENKE DEN DINGEN,
DIE DU LIEBST, DEINE
ACHTSAMKEIT.

WENN DU WISSEN WILLST,
WER DU WARST, DANN SCHAU,
WER DU BIST. WENN DU WISSEN
WILLST, WER DU SEIN WIRST,
DANN SCHAU, WAS DU TUST.

BUDDHA

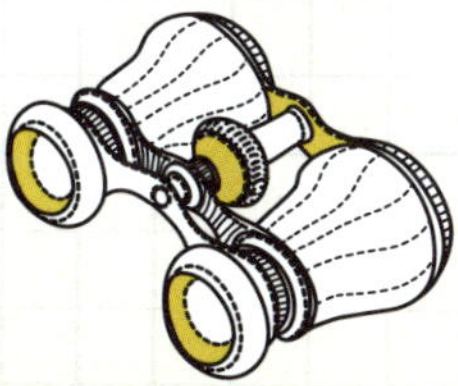

WAS DU HEUTE DENKST, WIRST DU MORGEN SEIN.

BUDDHA

NOW

ERHELLE DAS MORGEN MIT DEM HEUTE.

ELISABETH BARRETT BROWNING

TREIB DEN FLUSS
NICHT AN,
LASS IHN STRÖMEN.

LAOTSE

WENDE DICH STETS
DER SONNE ZU,
DANN FALLEN DIE
SCHATTEN HINTER DICH.

WEISHEIT AUS CHINA

SUCHE DIE STILLE AUF UND NIMM
DIR DIE ZEIT UND DEN RAUM,
UM IN DEINE EIGENEN TRÄUME
UND ZIELE HINEIN ZU WACHSEN.

ZEN-WEISHEIT

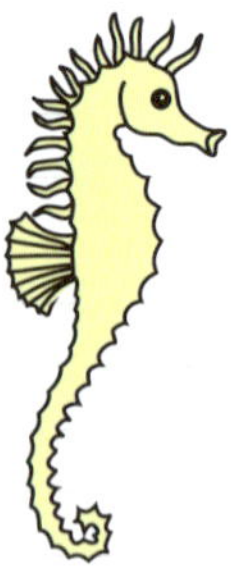

ACHTE AUF DEINE GEDANKEN! SIE SIND DER ANFANG DEINER TATEN.

KONFUZIUS

GANZ GLEICH,
WIE BESCHWERLICH
DAS GESTERN WAR,
STETS KANNST DU
IM HEUTE VON NEUEM
BEGINNEN.

BUDDHA

DIE SEELIGKEIT EINES EINZIGEN AUGENBLICKES VERLÄNGERT DAS LEBEN UM TAUSEND JAHRE.

JAPANISCHE WEISHEIT

THINK
TWICE

ALLES VERSTEHEN HEISST ALLES VERZEIHEN.

BUDDHA

WENN DIE WURZELN TIEF SIND, BRAUCHT MAN DEN WIND NICHT ZU FÜRCHTEN.

CHINESISCHE WEISHEIT

FAITH
PEACE
LOVE

MIT FREUNDLICHKEIT UND
GÜTE VERMAG MAN SOGAR
EINEN ELEFANTEN
AN EINER DÜNNEN SCHNUR
ZU LEITEN.

TSCHU HSI

ETWAS IST VOLLKOMMEN, WENN DU ES SEIN LASSEN KANNST, WIE ES IST.

ZEN-WEISHEIT

DIE ACHTSAMKEIT IST DEIN LIEBEVOLLER BEGLEITER AUF DEM WEG ZU DIR SELBST.

Marc Aurel (121 – 180)
Römischer Kaiser und Philosoph

Buddha (563 v. Chr. – 483 v. Chr.)
Begründer des Buddhismus

Elisabeth Barrett Browning (1806 – 1861)
Englische Dichterin

Alexis Carrel (1873 – 1944)
Nobelpreisträger für Medizin und Physiologie

Ralph Waldo Emerson (1803 – 1882)
US-amerikanischer Philosoph
und Schriftsteller

Euripides (480 v. Chr. – 406 v. Chr.)
Griechischer Dramatiker

Konfuzius (551 v. Chr. – 479 v. Chr.)
Chinesischer Philosoph

Laotse (6. Jahrhundert v. Chr.)
Chinesischer Philosoph

Tschu Hsi / Zhu Xi (1130 – 1200)
Chinesischer Philosoph

Rahel Varnhagen von Ense (1771 – 1833)
Deutsche Schriftstellerin

Alle weiteren Texte Marielle Enders

IMPRESSUM

Autorin: Marielle Enders, Düsseldorf
Bildnachweis: Porträt auf Umschlag: Bine Bellmann, Düsseldorf
Layout: Marielle Enders, www.itsme-design.de
Litho: Michael Feuerer
Druck & Bindung: Polygraf Print, Slowakei
ISBN: 978-3-86230-343-4 | Art.-Nr. 30343